少年口才班

你是"木头人"吗

认真倾听莫分心

时间岛图书研发中心◎编绘

北京时代华文书局

图书在版编目（CIP）数据

少年口才班. 你是"木头人"吗 / 时间岛图书研发中心编绘. -- 北京：北京时代华文书局，2021.6
　ISBN 978-7-5699-4197-5

Ⅰ．①少… Ⅱ．①时… Ⅲ．①口才学－少儿读物 Ⅳ．① H019-49

中国版本图书馆CIP数据核字（2021）第112943号

少年口才班　你是"木头人"吗
SHAONIAN KOUCAIBAN　NI SHI "MUTOUREN" MA

编 绘 者	时间岛图书研发中心
出 版 人	陈　涛
选题策划	郄亚威
责任编辑	石乃月
封面设计	王淑聪
责任印制	刘　银

出版发行｜北京时代华文书局 http://www.bjsdsj.com.cn
　　　　　北京市东城区安定门外大街138号皇城国际大厦A座8楼
　　　　　邮编：100011　电话：010-64267955　64267677
印　　刷｜唐山富达印务有限公司　电话：022-69381830
　　　　（如发现印装质量问题，请与印刷厂联系调换）
开　本｜787mm×1092mm　1/32　　印　张｜1.5　　字　数｜16千字
版　次｜2021年6月第1版　　　　　印　次｜2021年6月第1次印刷
书　号｜ISBN 978-7-5699-4197-5
定　价｜160.00元（全10册）

版权所有，侵权必究

善于倾听
及时反馈

- 全神贯注 **不分心**
- **多微笑** 赋予力量
- 给出反应 **不冷漠**
- 同理心 **情感共鸣**
- **耐心听** 不乱插嘴

主人公登场

夏小佐

个人简介

不太守规矩，酷爱新鲜事物，任何场合都能玩得很嗨的夏小佐

夏小佑

个人简介

成绩超好，举止优雅，爱帮助别人的暖心小女孩夏小佑

贾博

个人简介

喜欢认识新朋友，口才一级棒，有时候却粗心大意到让人抓狂的贾博

米娜

个人简介

爱吃草莓，胆子小，说话温柔，爱哭又爱笑的米娜

柏丽尔

个人简介

喜欢扎马尾辫,热爱小动物的高个子女生柏丽尔

小佐妈妈

个人简介

注重形象,做得一手好菜,却害怕猫的小佐妈妈

小佐爸爸

个人简介

慢条斯理,经常挨妈妈批评的小佐爸爸

曹老师

个人简介

有学问又有耐心,非常了解孩子的班主任曹老师

苗校长

个人简介

和蔼可亲,又不失幽默风趣的胖胖的苗校长

目 录 MULU

故事 1 故事姐姐的礼物　001

主演　客串

故事 2 女生真奇怪　009

主演　客串

故事 3　你是"木头人"吗　017
主演
客串

故事 4　家长来上课　024
主演
客串

故事 5　再见，花蝴蝶　033
主演
客串

善言,能赢得听众;善听,能赢得朋友。

生活中,时常会看到这样的场景:很多孩子不善于倾听,总是急于表达自己,随意插话,或者对别人的讲话不做任何反应。

我们必须明白,说话是为了交换意见、找到共识,耐心听、用心听,才能学到许多新的知识和见解,才能交到更多朋友。

故事 1

故事姐姐的礼物

故事姐姐要在图书馆里给小朋友们讲故事,每个认真听故事的孩子,都会得到一份免费的礼物。

夏小佐激动万分地把这个好消息告诉朋友们:"**免费的礼物哟**,不要白不要。咱们一起去吧!"

"可是,"柏丽尔意味深长地问夏小佐,"你

确定你会好好听故事吗？上课的时候你可是经常走神儿，没少挨批评呢！"

"不就是听故事嘛，这有什么难的？"夏小佐对自己充满了信心。

周六下午3点，夏小佐和朋友们准时来到图书馆的**活动室**。大家席地而坐，把故事姐姐围在中间。故事姐姐手里捧着一本图画书，提醒小朋友们："这个故事非常有趣，大家要认真听哟！好好听故事，就能得到一个盲盒。"

盲盒？这可是现在最流行的玩具，要是能免费得到一个，那得多幸福啊！夏小佐看着故事姐姐身旁的盲盒，兴奋得两眼放光。他偷偷地告诉自己：一定要认真听故事。

"**从前**，森林里有一座小木屋……"故事姐姐津津有味地讲起来。

小朋友们跟着故事中的情节一会儿皱眉，一会儿微笑，全都听得入了迷。夏小佐也不例外，只不过，他的**注意力**只持续了3分钟。

3分钟以后，好像有一只跳蚤跳进了他的心里，弄得他浑身上下都不舒服。他不自觉地挪挪屁股、挠挠头发，像条蛇一样扭来扭去，看起来难受极了。

"哎，贾博，"他终于忍不住了，从兜里掏出一个闪闪发光的球，小声对贾博说，"这是我新买的闪闪球，有七种颜色呢。"

"真的吗？让我看看。"贾博被吸引了过来，把闪闪球拿在手上摆弄起来。

"咳……"故事姐姐咳了一声，用眼睛盯着夏小佐和贾博。

夏小佐和贾博低下头不说话了。可是，才过了一会儿，夏小佐又开始东张西望，一会儿看看窗户，一会儿看看桌子底下，一会儿朝夏小佑挤眼睛，一会儿朝米娜和柏丽尔吐舌头。

夏小佑、米娜、柏丽尔听得非常认真，谁也不理他。夏小佐只好又转向身边的贾博："咱们去对面的游乐园玩吧。"

"好啊，我想坐飞机。"

"那我开火车，呜呜……"

他们俩说得非常起劲，声音越来越大。故事姐姐再一次被打断了，她有点儿不高兴地说："由于有两个小朋友总是**打断我**，我没有办法继续讲下去了，今天的故事就讲到这里吧。"

小朋友们正听到兴头上，此刻却被打断了，都非常生气，**七嘴八舌**地埋怨起夏小佐和贾博来。

故事姐姐遵守约定，给认真听故事的小朋友们颁发了盲盒，小朋友们都高高兴兴地回家了。夏小佐和贾博没有认真听故事，最后两手空空，什么也没有得到。

夏小佐不满地说："故事姐姐真小气，没有认真听故事，也不至于生气吧！"

"你说得不对，"柏丽尔说，"当别人说话的时候，如果我们不认真听，而是去做其他的事，是特别不尊重别人的一种表现。"

"是啊！"米娜接着说，"如果我说话的时候，大家都不认真听，我就再也不愿意说下去了。故事姐姐应该也是这样的心情吧！"

"有这么严重吗?"夏小佐问朋友们。

女孩子们齐声回答道:"**相当严重!**"

贾博可怜巴巴地说:"唉,我又被你连累了。"

"不对吧,"夏小佐歪着脑袋说,"我和夏小佑、柏丽尔、米娜打招呼,她们都没有反应,只有你和我说话,说明你根本没有好好听故事。咱们俩半斤对八两,**谁也别说谁**。"

"被你识破了。"贾博勾住夏小佐的脖子,不好意思地笑了。

老师说

　　小朋友，现在请你仔细想想，当别人说话的时候，你有没有像夏小佐一样东张西望，做小动作，或者随便打断别人？如果这些你都没有做，而是注视着说话人的眼睛，认真听对方说话，那么恭喜你，你终将成为一个非常受欢迎的人。

故事 2

女生真奇怪

星期六吃过早饭以后,夏小佑穿上她最喜欢的裙子和皮鞋,背上小包准备出门。夏小佐好奇地问:"**你去干吗?**"

夏小佑说:"我和柏丽尔要去公园的小树林里照相。现在是树林最漂亮的时候。"

"**我也要去。**"夏小佐说着从桌子上抓起电话手表,戴在手腕上,和夏小佑一起出发了。

他们要去的是一个**公园**,公园的角落有一片小树林。夏小佑昨天从公园门口经过的时候,发现小树林里的叶子有的变成了黄色,有的变成了红色,非常漂亮,就打算约柏丽尔一起去拍照。

他们到了公园,发现柏丽尔还没来。夏小佑从背包里掏出一本**童话书**,坐在一根裸露的树根上安安静静地读起来。夏小佐可闲不住,他不停地摆弄自己的电话手表,一会儿给贾博打电话,一会儿又假扮成大英雄,和"**外星人**"通话,玩得不亦乐乎。

过了一会儿,柏丽尔拿着相机从远处跑了过来。

"**小佑**,告诉你一件很**搞笑的事**。"柏丽尔来到夏小佑面前。夏小佑立刻把书合起来,微

笑着说:"什么事啊?"

柏丽尔说:"刚才我在公交车上看见有个人把衣服穿反了,**好滑稽啊**!那还是一件polo衫,后面的领子竟然跑到了前面。"

"是吗?**太逗了**。"夏小佑咯咯笑起来,柏丽尔也笑得前仰后合。

夏小佐被她们的笑声吸引过来,好奇地问:

"你们两个在笑什么?"

"刚才我看见一件**非常滑稽的事**。"柏丽尔兴致勃勃地说,"我在公交车上……"她刚说到这里,夏小佐又低头摆弄起手表来。

夏小佑发现了这个问题,对夏小佐说:"柏丽尔跟你说话呢。"

"**哦哦,你接着说**。"说话的时候,夏小佐连头也没抬一下。他太喜欢舅舅送的这个礼物了。

柏丽尔接着说:"有个人把衣服穿反了。"她一边说一边用眼睛盯着夏小佐,发现他没在听自己说话,立刻就火冒三丈。

"**夏小佐,你到底想不想听,不想听拉倒!**"

夏小佐吓得一激灵,怔怔地看着柏丽尔说:"刚才不是还挺高兴的吗,怎么突然就变脸了?

你们女生真奇怪。"

"不是我奇怪，是你太不可理喻了。同样一件事，我对夏小佑说的时候，她立刻把书合起来，听我说话。而你呢，一直摆弄你的手表，根本就没好好听！你这种做法特别不尊重人，所以我生——气——了！"

原来是这么回事啊！

夏小佐恍然大悟，赶紧把袖子拉下来，盖住手表，笑嘻嘻地说："对不起，这是舅舅给我

买的新手表，我还没玩够。"

"那就玩够了再来跟我说话吧。"柏丽尔的气还没消。

夏小佐不知道怎么办了，赶忙冲夏小佑挤挤眼睛。夏小佑心领神会，拉着柏丽尔的手说："别生气了，哥哥知道错了。我们好好惩罚他一下。"

"罚什么？"柏丽尔气嘟嘟地说。

"罚他给我们拍照！"夏小佑说，"一直拍到咱们满意为止。"

柏丽尔同意了，气也渐渐消了。夏小佐当起了**专职摄影师**，只是他没有想到，给女孩子拍照会这么累。为了拍出她们满意的照片，他必须一万分地配合,趴着拍、躺着拍、跳起来拍……还要忍受她们的挑三拣四，唠唠叨叨。

唉，不就是拍张照片吗？怎么会搞得那么复杂？女生真的太奇怪了。

老师说

　　做一个受欢迎的倾听者，首先要注意自己的态度。当别人兴致勃勃地和我们交谈时，我们应该放下手头的事，面带微笑地看着对方。对方从我们的态度中，会判断出我们很愿意和他交流，才会更愉悦地说下去。

故事 3

你是"木头人"吗

　　这天,爸爸下班带回一个神秘的礼物——投影仪。

　　"用这个看电影,效果和在电影院一模一样,棒极了。"吃过晚饭,爸爸一边**眉飞色舞**地说着,一边安装调试投影仪。

　　调试好之后,爸爸把屋里的灯关掉,找出一部刚刚上映的科幻大片,一家人兴致勃勃地

看起来。

　　过了一会儿,妈妈的手机响了。妈妈打开手机一看,收到一条短信,提示家里的网络快要欠费了,让她赶快缴费。

　　"老夏,"妈妈对爸爸说,"家里的网快没费了,你用微信缴一下吧,我的微信钱包里没有钱了。"

　　爸爸看电影入了迷,没听见妈妈说话,两只眼睛依然紧紧地盯着屏幕。

　　"老夏!"妈妈抬高了嗓门。

这次，爸爸只是"哦"了一声，就没有任何反应了。

"哎呀，气死人了！"妈妈气不打一处来，大吼一声，"老夏，你是'木头人'吗？"

爸爸这才知道自己闯了祸，赶快从电影里抽出身来，笑嘻嘻地问妈妈："什么事？哦，你是说该缴网费了吧？"

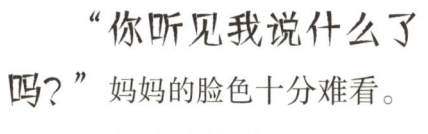

"你听见我说什么了吗？"妈妈的脸色十分难看。

爸爸赔着笑说："听见了。"

"听见了为什么不给点儿反应？罪加一等！"妈妈越说越生气，噌的一下从沙发上站起来，打开灯，关掉了投影仪，向全家发布命令，说："谁也别看了，开会！"

夏小佐冲夏小佑吐吐舌头，说："老妈生气了，后果很严重。"

电影观赏会变成了家庭会议，确切地说，是妈妈对爸爸进行的审判大会。客厅变成了临时的法庭。

"我很生气，非常非常生气，**我快要气炸了！**"妈妈气得在地上转圈圈，"我最讨厌我说话的时候，别人没有一点儿反应，好像一个'木头人'。难道我还不如一场电影重要吗？小佐，小佑，你们是不是也很讨厌这种'木头人'？"

"**是！**"夏小佑连忙安慰妈妈,说,"爸爸今天是有点儿过分了,妈妈说了好几次,都假装没听见。我都有点儿生气了。"

夏小佑刚说完,夏小佐又来帮腔:"有一次,爸爸看电视入了迷。我让他教我一道题,他都听不见。后来,还是妈妈教会了我。我当时也很生气。"

"**看吧！看吧！老夏,**"妈妈又开启了教导模式,"你这个毛病真的该改改了。别人跟你说话,就是在跟你交流。你得做出反应,交流才能进行下去……"

爸爸低着头,像个犯了错的孩子。从家人的抱怨和不满中,他意识到了问题的**严重性**。于是,他郑重地向大家保证:"我以后一定会改掉这个毛病,别人跟我说话的时候,我一定快速做出反应！"

爸爸赔着笑说:"那我们以后还看电影吗?我买的这个投影仪很贵的!"

"当然要看,"妈妈说,"只要你把我们说的话放在心上,不做'木头人'就行。"

从此以后,夏小佐一家在一起看电影的时候,爸爸虽然还是那样投入,但每每讨论电影外的话题的时候,再也没有变成过"木头人"。

老师说

当别人跟你说话的时候,如果你能及时做出反馈,那么说明你在认真听别人说话,并且在心里是非常重视对方的。得到反馈后,对方才有兴趣继续说下去。人和人之间的交流,就该这样进行。

家长来上课

这个学期,学校开展了一项家长进校园活动。每周安排一名家长,到教室里给学生们上课。家长可以根据自己的特长自由选择课程:喜欢手工的,可以教孩子们做手工;喜欢传统文化的,可以讲故事;喜欢运动的,可以带着孩子们进行各种各样的体育活动……

今天,来给大家上课的是米娜的爸爸。米

娜的爸爸写得一手好字。这节课,他要带领孩子们认识文房四宝,讲一讲古代人写毛笔字的故事。

"文房四宝指的是……"米娜爸爸刚一开口,夏小佐抢着说:"我知道,是笔、墨、纸、砚!"

"非常正确,文房四宝指的就是毛笔、墨、砚

台和纸。"他拿起一根毛笔说，"我先给大家说一说毛笔的故事。你们知道毛笔上这个毛茸茸的笔头是用什么做成的吗？"同学们皱着眉摇摇头，谁也不知道。米娜爸爸接着说："笔头是用动物的毛制成的，我这只毛笔的笔头是用黄鼠狼的尾毛做成的，所以这支笔叫作……"

夏小佐一听到"**黄鼠狼**"三个字，突然哈哈大笑起来："黄鼠狼的尾巴，哈哈……那写字的时候得**多臭啊**！"

柏丽尔不高兴地说："夏小佐，你别**插嘴**了，让叔叔把话说完。"

米娜爸爸尴尬地笑了笑，继续说道："除了黄鼠狼的毛以外，山羊、山兔、鸡的毛都可以用来制作笔头。用黄鼠狼尾毛做成的毛笔，叫作……"

"我知道！叫臭气笔，哈哈……"夏小佐大声嚷嚷起来。

米娜爸爸本来已经想好了在课堂上先讲什么后讲什么，几次三番地被夏小佐打断以后，他的脑子里乱成了**一锅粥**，不知道该说什么了。于是，他只好摊开手说："看来夏小佐对毛笔非常感兴趣，那么下面就请他来为大家讲课吧，我当学生在下面听课。"

　　米娜爸爸把夏小佐请到讲台上，自己在夏小佐的位子上坐了下来。夏小佐站到讲台上，**顿时懵了**。

　　他只是觉得米娜爸爸说得特别有意思，一时没有管住自己的嘴巴。他连毛笔都不会拿，至于和毛笔相关的知识，那就更别提了。

　　"叔叔，您接着讲吧，**我再也不插嘴了**。您刚才说的那些知识又好玩又有趣，我特别想知道那些有趣的故事。"夏小佐低着头小声说。

"你确定能管住自己的嘴巴吗？"米娜爸爸问。

"能！肯定能！"夏小佐说着就从讲台上跑下来，回到了自己的座位上。

"**同学们，**"米娜爸爸说，"你们可以在课堂上发言，但一定要等我把话说完以后再发言。否则，我说到一半的时候，你们一插嘴，就扰乱了我的思路，我就不知道该说什么了。"

"**知道了！**"同学们大声回答。夏小佐的嗓门最高。

那一节课，米娜爸爸讲了很多和笔、墨、纸、砚有关的故事，同学们学到了很多课本上没有的知识。

下课以后，夏小佐对贾博说："幸亏我后来管住了自己的嘴巴，要不然就听不到这么多故事了。"

"你是怎样管住自己的嘴巴的？**教教我！**"贾博好奇地问。

"当然是用胶带了。"夏小佐一本正经地回答道。

"胶带？"贾博紧张地说，"用胶带把嘴巴封上太危险了，不能那么做！"

"嘻嘻，我说的是藏在心里的胶带。每当想插嘴的时候，我就在心里告诉自己：不要插嘴，让叔叔把话说完。这样，我就不会随便插嘴了。"

"吓我一跳。"贾博松了一口气，趴在夏小佐的耳朵边说，"以后我也在心里藏一卷胶带，不乱插嘴，不随便打断别人。"

"那你要管我叫师傅哟！"夏小佐调皮地笑了。

老师说

课堂上，随意插嘴或者抢话，不但会打乱老师的思路，影响老师的情绪，还会影响其他同学听课，是非常不受欢迎的行为。如果你想发言或者表达意见，一定要等老师把话说完，然后举手示意，征得老师的同意后再发言。

故事 5

再见，花蝴蝶

柏丽尔今天有点儿奇怪，课间不出去玩了，一个人坐在座位上发呆。体育课也不活蹦乱跳了，总是一副闷闷不乐的样子。

"柏丽尔怎么了？"放学以后，夏小佑盯着柏丽尔的背影，心里十分纳闷。

"肯定是有什么伤心事吧！"夏小佐说。

夏小佑小跑两步追上柏丽尔，轻声问道：

"柏丽尔,你今天怎么不开心啊?"

一听到这句话,柏丽尔的眼泪唰的一下就涌出来了。她一边哭一边说:"我的花蝴蝶死了。它是我的好朋友,我非常喜欢它。昨天,不知道怎么回事,它突然就死了……"

夏小佑听了,也不自觉地伤心起来。她轻轻地拍拍柏丽尔的肩膀,柏丽尔抱住夏小佑失声痛哭起来。

"你们在干什么?"夏小佐追上来,好奇地问。

夏小佑说:"柏丽尔的花蝴蝶死了,她很伤心。"

"咳,"夏小佐不屑一顾地说,"我还以为多大事呢,原来是因为一只蝴蝶啊!花园里有很多蝴蝶,你要是喜欢,我随便抓两只送给你好了。"

"不,我只要我的花蝴蝶,**那是我的朋友!**"柏丽尔怒气冲冲地跑了。

"哥哥,柏丽尔正伤心呢,你怎么能说这样的话?"夏小佑也很生气。

"一只蝴蝶死了,用不着这么伤心吧。"夏小佐觉得女生太大惊小怪了。

"可那只**蝴蝶**是柏丽尔的好朋友。你好好想一想,如果是你的好朋友死了,比如……比如你养的那只乌龟死了,你会伤心吗?"

"呃……"夏小佐想起了自己的小乌龟,

那是爸爸送给他的生日礼物。夏小佐非常喜欢它，每天放学回家都要和它玩一会儿，给它喂食，看着它爬来爬去。"如果小乌龟死了，我肯定伤心死了。"夏小佐想到小乌龟躺在地上一动不动的样子，眼泪都快流出来了。

"所以，柏丽尔的花蝴蝶死了，她也很伤心。我们应该好好安慰她。"

"好吧，我们去找柏丽尔。"

夏小佐和夏小佑跑到花园里，看见柏丽尔蹲在一棵大树下面。她的面前有一个

小小的土堆，看来柏丽尔给蝴蝶建了一个"坟墓"，前面插着一个小纸板，纸板上端端正正地写着"柏丽尔的花蝴蝶"几个字。

"这就是你的花蝴蝶吗？"夏小佑问。

"嗯，昨天晚上我和爸爸妈妈一起把它埋在这里了。"柏丽尔说着说着又要掉眼泪。

"别哭了，柏丽尔，我们为花蝴蝶唱一支歌吧！"

夏小佐的话让柏丽尔一愣，她吃惊地说："我还以为你会笑话我呢！"

夏小佐说："你的花蝴蝶死了，是一件让

人非常伤心的事,我怎么会笑话你呢!我们来唱《蝴蝶飞》吧,你的花蝴蝶肯定会喜欢这首歌的。"

"蝴蝶飞呀飞呀,飞到蓝天里,飞到花丛中,飞到我的手心里……"

唱着这首歌,柏丽尔的心情渐渐好起来了。夏小佑从旁边摘了一把小野花,放在花蝴蝶的"坟墓"旁边。

夏小佐动情地说:"以后,我们常来这里看

望花蝴蝶吧!"

"**我也会经常送花给它的。**"夏小佑说。

"谢谢你们,有好朋友的感觉真好。"柏丽尔感动得又要掉眼泪了。

夏小佐赶紧岔开话题:"我已经闻到晚饭的香味了,回家吃饭喽!"说着,他张开双臂,做出飞机飞翔的姿势向前跑去。

"**等等我!**"夏小佑追上去,和夏小佐打闹着走远了。

"再见,花蝴蝶!"柏丽尔擦干眼泪,迈着轻快的脚步回家了。

老师说

和别人交流时,我们除了认真倾听以外,还要学会站在对方的角度思考问题。当别人开心时,我们可以一起分享他的快乐;当别人伤心时,我们要给予安慰和鼓励,千万不要嘲笑和讥讽。